Michael Göbel

Heimatgefühle aus dem Ruhrpott

mit Erinnerungen, Emotionen und die Sprache

Bibliografische Information der Deutschen Nationalbibliothek:
Die Deutsche Nationalbibliothek verzeichnet diese Publikation
in der Deutschen Nationalbibliografie; detaillierte
bibliografische
Daten sind im Internet über abrufbar.

Copyrigth © 2016 bei Michael Göbel

Alle Rechte vorbehalten.
Die Verwendung von Text und Bildern, auch Auszugsweise,
ist ohne schriftliche Zustimmung des Autors (Urheber)
urheberrechtswidrig und strafbar.
Dies gilt insbesondere für die Verwendung in elektronischen
Medien, Systemen und für die Vervielfältigung

Cover Foto: pixabay.com
Autor: Michael Göbel

Herstellung und Verlag:
BoD – Books on Demand, Norderstedt

ISBN: 9783741242076

Einleitung

Liebe Leser!

Mit diesem Gedichtband „Heimatgefühle aus dem Ruhrpott" möchte ich euch meine Gefühle, Gedanken, Emotionen, sowie Erinnerungen aus der Kindheit und die Ruhrpott Sprache etwas näher bringen.
Nachdem ich nach 33 Jahren auf der Zeche, davon 32 Jahre unter Tage, mit 50 Jahren aus dem Berufsleben ausscheiden und in Anpassung gehen musste, habe ich mit dem Dichten als Ablenkung und Langeweile zum Rentnerdasein angefangen.

In meinen Gedichten wie es damals so im Ruhrgebiet und in den Bergbaukolonien war, habe ich diese auch teilweise in der ruhrpöttischen Sprache niedergeschrieben.
Diese Gedichte über das Leben im Ruhrpott wecken bei vielen Kindheitserinnerungen, die schon lange in Vergessenheit geraten waren. Einige Worte die damals zum Sprachgebrauch gehörten kommen wieder hoch und man freut sich ein bisschen ein Stück Kulturgeschichte zu erleben.

Ich wünsche euch dann mal viel Spaß und viele Erinnerungen an die damalige, vielleicht sogar bessere Zeit; in der wir zwar nicht viel hatten, aber der Zusammenhalt und der Respekt noch Werte waren.

Heimat / Gefühle

Im Ruhrgebiet bin ich geboren,
zwischen Kohle, Staub und Stahl,
hab mein Herz an Wanne-Eickel verloren,
diese Stadt meiner Wahl.

Ich lieb den Pott, mein Heimatland,
warum sollte ich woanders hin;
liebe den Kanal und Emscher-Strand,
hier macht das Leben einen Sinn.

Der Pütt hat mich immer interessiert,
ich mochte mein Beruf so sehr.
Deshalb habe ich auch nie studiert,
obwohl die Maloche war sehr schwer.

Mit Kumpels war ich am malochen,
unten tief im dunklen Schacht.
Durch enge Strebe ist man gekrochen,
es hat mir Spaß gemacht.

Die Zeche war mein Leben,
die Familie war stets in meinem Herz;
wollte nie nach höheren streben,
ich liebte die Arbeit, es ist kein Scherz.

Jetzt sitze ich hier zu Haus,
mit knapp über 50 Jahren,
und schlafe jeden Tag nun aus,
würde lieber noch anfahren.

Doch für mich ist jetzt Schicht am Schacht,
da besteht die RAG drauf.
Habe meine Arbeit gern gemacht,
was mir bleibt ist das „Glück auf"

*****

Auf Kohle geboren

A uf Kohle bin ich geboren
U nter Tage war wie mein zu Haus
F ördertürme - Hinter verschlossenen Toren

K ohle brach man im Bergwerk raus
O bersteiger wollte ich nie werden
H auer war ich ein Leben lang
L eistung bringen war mein bestreben
E ine schöne Zeit, ohne jeden Drang

G lück auf - Diese beiden Worte
E in jeder
B ergmann spricht
O hne sie geht was verloren, ein
R itual ohne Gesicht
E in jeder, soll sie weiter sprechen und
N icht mit Traditionen brechen.

Das Ruhrgebiet ist …

Das Ruhrgebiet ist ein Gedicht,
ein jeder von der Heimat spricht;
es ist einzigartig, grün und flott,
hier bei uns im Kohlenpott.

Das Ruhrgebiet ist ein Gefühl,
die Menschen hier sind warm, nicht kühl.
Für einige, Mann oder Frau,
ist das Ruhrgebiet auch Königsblau.

Das Ruhrgebiet ist Leidenschaft,
ist Liebe, Leben und gibt Kraft.
Es ist der herzlichst schönste Ort der Welt,
wo immer schon die Freundschaft zählt.

Das Ruhrgebiet ist töfte und geil,
und auch nicht das Gegenteil.
Gab es früher hier auch Staub und Dreck,
uns ist es egal: „Von hier komm Wir weg."

Das Ruhrgebiet ist einfach Genial,
wurde groß durch Kohle und Stahl;
davon leider kaum noch eine Spur,
dafür hat der Pott Kultur.

Ja, im Ruhrgebiet sind Wir geboren,
haben unser Herz am Pott verloren,
hier wollen Wir bleiben, hier bleiben Wir wohn,
denn das Ruhrgebiet hat Tradition.

Erinnerungen an die Kindheit

Wisst ihr noch aus euren Kindheitstagen,
wie wir mit wenig Glücklich waren.
Machten Kreidespiele in den Gassen,
pölten Fußball auf den Straßen.

Tacken schabbeln vor die Mauer,
hat man verloren war man sauer.
Haben die Erwachsenen auch so gewettert
sind wir doch auf Bäume geklettert,

In den Schulpausen spielte man Fangen,
aus der Mundorgel wir noch sangen.
Die Mädchen spielten Gummitwist,
wir Jungs machten manchen Mist.

Klingelmännchen nach der Schule,
Buden bauen in der Kuhle.
Spielten mit vielen Kindern oft verstecken,
krochen rum in machen Ecken.

Abends kam man schmutzig heim,
Mutter fragte: „Muss das sein?"
Doch immer hat es Spaß gemacht,
haben damals viel gelacht.

Dem Ruhrpott seine Sprache

Dönekes - sind lustige Geschichten,
Hömma - heißt im Pott: "hör zu."
Schluffn - sind unsre Autoreifen,
oder Pantoffeln, der Hausschuh.

Die Gattin is bei uns - die Olle,
der Vatta - dat is der Papa,
die Mutter – nennen wir Mudda,
Großeltern sind - Omma & Oppa.

Zu den Kindern - sagen wir Blagen,
Fußball spielen, is hier - pölen
Schieß zu mir, heißt: Gib mich die Kirsche
und laut sein, nennt man einfach – grölen.

Der Pütt - dat is die Zeche,
Malochen - heißt arbeiten geh´n,
und der Kumpel mit der Panne - die Schaufel,
schippent seinen Mann kann steh´n.

Schicht im Schacht - dat heißt zu Ende,
wie man dat im Pott so spricht,
ich hoffe et war ein kleiner Einblick,
hier mit dem Gedicht.

Auf Kohle geboren

Auf Kohle sind wir geboren,
in den Herzen brennt die Glut,
heiß rinnt es durch unsere Adern,
das revierstahl blaue Blut.

Wir haben den Pott in unseren Herzen,
mit Zechen, Kokereien und Stahl;
und werden bis zum Ende Treue halten,
der Ruhrpott bleibt die erste Wahl.

Schlägel und Eisen sind Symbole,
für den Bergbau hier im Pott.
Glück auf, den Kumpel vor Kohle.
Danke an den lieben Gott.

Wir sind stolz auf diese Region,
unsere Herzen schlagen hier;
es ist so schön möchte ich betonen,
unser Pott, das Ruhr-Revier.

„Wir" ausm Pott

Leute aus dieser Region,
mit Hintergrund und Tradition,
mit dem Glauben an Jesus und Gott,
kommen aus dem Kohlenpott.

Wir halten sich stets den Rücken Frei,
kein Nachbar war ihnen Einerlei.
Wir halfen uns untereinander aus der Krise,
feierten zusammen auf der Wiese.

Zum Ruhrpott haben Wir uns bekannt,
Pottkinder, haben Wir uns genannt.
Traditionen, haben Wir nie verloren
und auf Kohle sind Wir geboren.

Der Ruhrpott-Stahl fließt durch unser Blut,
er gibt uns die Kraft, er gibt uns Mut.
Diese Zeilen sind an alle Potties gerichtet.
Ihr Pottkinder, Tradition verpflichtet!

Stolz der Region

Es blutet mir mein Herz,
es tut in der Seele weh.
Ich empfinde großen Schmerz,
weil es Wahr ist was ich seh´.

Sehr tief im Berg hast du gesteckt,
haben nach dir gegraben.
Hast gute Ideen in uns geweckt.
Kumpel für dich starben!

Du warst einmal Stolz dieser Region,
brachtest Deutschland weit nach vorn.
Warst uns wie der eigene Sohn.
Sind wegen dir im Pott gebor`n.

Jetzt ist es leider an der Zeit,
weil Politiker es so wollen.
Doch kaum einer ist bereit,
für ein Ruhrpott ohne Kohlen.

Es blutet mir mein Herz,
ich trinke auf dein Wohle.
Habe Wehmut, großen Schmerz.
Ich liebe die Steinkohle.

Erinnerungen wecken

Wir spielten Gummitwist und Seilchenspringen.
Wie noch Süßigkeiten von damals klingen,?
Kannten Abzählreime und hüpften Sack,
liebten Traubenzuckerketten und Caramac.

Roller fahren, Rollschuh laufen
und am Büdchen etwas kaufen;
Buden bauen, um Groschen wetten,
Musketiers, Schoko Zigaretten.

Cowboy & Indianer, Fangen, Verstecken,
Mohrenkopf Brötchen, Muscheln schlecken.
Dies spielten wir und noch viel mehr,
aßen Dolomiti Eis und Brauner Bär.

Auch Fußball spielten klein und groß,
naschten Raider, Treets, Bonitos.
Klingelmännchen machten wir als Kinder,
tranken Tri Top und Mirinda.

Bonanza Rad putzen, Fußballbilder tauschen,
zu Hause noch Kassetten lauschen;
Kästchen hüpfen, das Spiel um Länder,
Mausespeck, PEZ aus dem Spender.

Murmeln, Klick Klack, du meine Güte,
Waffelbruch und Wundertüte.
Erinnerungen die wir nie vergessen,
ob Kinderspiel und süßes Essen.

Der Bergmann

Auf unseren Bergmann sind wir stolz,
er war aus ganz besonderem Holz.
Er malochte tief unten im Schacht,
hat seine Arbeit gern gemacht.

Bei großer Hitze und im Kohlenstaub,
sage ich es mit Verlaub.
Dort war es wirklich nicht immer schön,
jeden Tag, sein Mann zu steh`n.

Er musste unter Schweiß, Tag für Tag ertragen,
die Kohle für uns rauszuschlagen.
Auch schwere Arbeiten musste er verrichten,
es waren seine Bergmanns Pflichten.

Im heißem Streb, oder im kühlen Ort,
fielen die Meter immerfort.
Mit seinen Kumpels fast nie allein,
bei Grubenlicht und Lampenschein.

Jahre zeichneten ihn, mit Falten im Gesicht,
durch Wechsel, Nacht und Überschicht.
Doch es hatte ihm auch oft Spaß gebracht,
hat mit echten Kumpels viel gelacht.

Nun gibt es den Bergmann bald nicht mehr,
fällt es uns auch noch so schwer.
Die Förderräder stehen dann still,
weil die Politik es so will.

Ruhrpottisch und die Grammatik

Hömma, ich will Ruhrpottisch ma erklärn,
komm bei mich bei, hia kannz wat lärn.
Grammatisch im Hochdeutsch kannze vagessn,
wia sin Ruhrpottisch besessn.

Dat „es" wird hia zum - „et"
Der Anfang is do schomma nett.
Anne Hauptwöata wie Finger, häng wa nochn „s"
Somit - Fingers, vaniedlicht Fingerkes.

Bei Füawöater: „dieses" & „jenes" kommt nochn „t"
So tut - „dieset" un „jenet" dich nich weh.
Bindewöater wie „wenn du" & „kennst du"
enden mit - „annze un ennze"
Wennze, kannze, jau kennze.

Vahältniswöater: „in das" & „um das Haus,"
sprichse im Pott - „innet" un „ummet" aus.
Auf die heißt - „auffe", an dem wird zu - „annem"
für die is - „füre" - bei dem heißt: „beiem."

Die Varkleinarungsfoarm im Hochdeutschn dat „chen"
wiad hia im Ruhrpott zu nem - „ken."
Dat heist dann nich, Häuschen oda Mäuschen,
sondan dat Häusken un mein Mäusken.

Im jedm Wort mit „or & ur" nun zuletzt,
wiad dat „r" durchn „a" ersetzt.
Beispiel: Unsa Hoast hat großen Duast,
er aaß in Doaatmund Körrywuast.

Wanne-Eickel, Heimat und zu Hause

Wo er mal stand - Der „Krumme Hund,"
wo die Cranger Kirmes ist - Da geht es rund.
Wo man zusammenhält und macht etwas daraus,
da ist Wanne-Eickel. - Da sind wir zu Haus.

Wo wir wieder mit „WAN" am Auto fahren,
wo wir seit der Kindheit, Glücklich waren.
Wo man den Mond feiert und geht gern raus,
da ist Wanne-Eickel. - Heimat und zu Haus.

Wo die Emscher im Sommer stinkt,
wo man gern ein Mondschnaps trinkt;
dort wo es die schärfste Currywurst gibt,
da ist Wanne-Eickel. - Was man ja so liebt.

Wo man Mond und Stadt besingt,
wo die Künstlerzeche, Freude bringt.
Dort wo man seine eigenen Ritter hat,
das ist Wanne-Eickel. - Unsere Stadt.

Da wo der Mittelpunkt vom Ruhrgebiet,
wo man nicht nach Herne sieht.
Wo man stolz seine Stadtfahne hängt aus,
da ist Wanne-Eickel. - Da sind wir zu Haus.

Wat is mit unserm Kohlnpott

Wat is mit unserm Kohlnpott,
zwischen Lippe und der Ruhr,
alle Zechen sind bald fort.
Wat is mitte Kultur?

Kohle Kumpels gibbet bald nich mehr,
genau wie unser Stahl,
die meisten Kokerreinen sind schon zu,
ach, wat für eine Qual.

Wat wird aus unserm Kohlnpott,
wo gibbt Körrywurst und Bier,
nich mal helfen kann uns Gott,
hier im Ruhrrevier.

Alles wird uns wech genomm,
wat uns früher wichtich war,
haben nix zurück bekomm,
dat is doch sonderbar.

Hömma, die Menschen ausm Kohlnpott,
fast jeda hat sich hier verliebt,
sind alle glücklich und so stolz,
auf ihr Ruhrgebiet.

Spiele aus unserer Kinderzeit

Weißt du noch, wie es damals war,
in der Bergbau-Kolonie?
Als man noch kleine Kinder sah
auf den Straßen spielten sie.

Wir spielten viel und gern zusammen,
Reifen treiben auch allein.
Dosen / Stelzenlauf und Fangen,
ach, schöne Kindheit mein.

Wer hat Angst vorm schwarzen Mann,
oder Schweinchen auf der Leiter.
Fischer, Fischer…, wer es noch kann,
Himmel & Hölle, es geht weiter.

Plumpsack, Schiebkarre und Gummitwist,
Versteckspiele und Hula-Hoop.
Wir heckten aus so manchen Mist,
oder spielten mit den Pitschendopp.

Räuber & Gendarm, Cowboy & Indianer,
Spiele aus unserer Kinderzeit;
Klatsch und oder Abzählreime,
Kästchenhüpfen oft zu zweit.

Völkerball und Seil wir sprangen,
Knickeln hat uns Spaß gemacht;
aus der Mundorgel, wir zusammen sangen,
wenn ich dran denk, mein Herz es lacht.

Ruhrpottsprache is kein Dialekt

Ma ne ganz, ganz wichtge Sache,
wat hinta Ruhrpottsprache steckt,
et is einfach ne eigne Sprache
un kein Dialekt!

Kabitschko, is auf Raten kaufen,
Penunsen is dat Geld,
dat kannze allet dann vasaufen,
wenn die Olle so bestellt.

Die Olle, ja dat is die Mattka,
so nennze deine Ehefrau
un die Kinder sin die Blagen.
dat weiß hia jede Sau.

Zosse, is dat Pferd,
un Köter issn Hund,
dat hasse n` Leehm lang gelernt,
die Gosche is der Mund.

Butterbrot, dat is ne Knifte,
Galosche issn Schuh
un Hömma, heißt im Ruhrpott:
„Hör mir einmal zu!"

Ruhrpott, da wo ich wech komm

R uhrpott (isch) is sowatt von Geil
U sselig is et im Ruhrpott nich
H eia machen tun wa inne Furzmulde
R emmidemmi gibbet auf jede Patty
P impanellen bekommze von allein
O emmes sagen wa zu wat großem
T innef is dummet Zeuch
T rallafitti gehen tun, macht Spässkes

D adderich krisse wenne nervös biss
A bklabasten tusse wenne wat bestimmtet suchs

W ämsen is sich Schlagen oder Prügeln
O lle, is die Alte, wer hattze nich zu Hause

I sche sachste zu die, wenne nich vamählt biss
C ervinski, is den Kumpel Anton sein Kumpel
H ustekuchen - wenne allet versemmelt hass

W uchtbrummen gibbet im Ruhrpott einige
E ierkitsche is ne Karre die Scheiße aussieht
C ymciyk noch n Kumpel vom Anton
H eiermann nannte man ma dat Fünfmarkstück

K äffken süppeln wa alle ma gern
O schi is ne große Sache
M alochen hat der Ruhrpott erfunden
M utterklözkes brachte Vadda imma vom Pütt mit

Ruhrgebiets Nostalgie

Du bist so stolz auf dein Ruhrgebiet,
weil du auf Kohle geboren bist.
Wie sehr du deine Heimat liebst
und sie nie vergisst.

Aufgewachsen zwischen Kohle und Stahl,
in einer Ruhrpott Kolonie.
Vielleicht sogar in einem Zechenhaus,
mit Charme und Sympathie.

Als Kind hast du hier viel erlebt,
spieltest auf den Straßen.
Das Büdchen an der Ecke, den Eiswagen,
Geld für Schluckereien verprassen.

Dein Vater, der Tag für Tag einfuhr,
auf dem Pütt nach unter Tage.
Und wieder gern zur Familie heim kam,
mit Hasenbrote für sein Blage.

Nachbarn die sich gegenseitig halfen,
in fast jeder Situation.
So war es damals hier im Pott,
der alten Generation.

Doch diese Zeit ist längst vorbei,
die Menschen werden stur.
Aber Erinnerung und Nostalgie,
erhalten ein Stück Kultur.

Im Schatten des Förderturms

Im langen Schatten des Förderturms,
stand einst ein Zechenhaus,
jetzt wird der Pütt dort Platt gemacht,
Familien ziehen aus.

Der lange Schatten des Förderturms,
wird merklich dort vermisst;
denn da wo einst sein Schatten fiel,
freier Grund nun ist.

Die Städte hier im Ruhrgebiet,
werden langsam öd und leer.
Die Geschäfte, die hier einmal so beliebt,
gibt es heute nicht mehr.

Unser Bergmann, früher gar so Stolz,
wird nun zu Grabe getragen.
Er war aus ganz bestimmten Holz,
offen bleiben viele Fragen.

Was wird jetzt aus unserem Kohlenpott,
wird alles jetzt Natur?
Denn Städte, Industrie und der Handel,
sind im Wandel der Struktur.

Seine letzte Schicht

Es war ein Morgen wie jeder andere,
doch etwas kam ihn komisch vor.
Morgens früh, fuhr er zur Arbeit,
besonnen stand er vorm Zechentor.

Dreiunddreißig lange, und harte Jahre,
fuhr er ein in diesem Schacht.
Fast jeden Tag, nach unter Tage,
und er hat es gern gemacht.

Nun steht er hier vorm Zechentore
und er ist den Tränen nah.
Mit den Gedanken bei seinen Kumpels
und wie schön es immer war.

Nun fährt er ein, zum letzten male,
heute ist seine letzte Schicht.
Mit seinen Kumpels nach unter Tage
und sein Bergmanns Herz, es bricht.

Ein letztes mal im Streb vor Kohle,
leuchtet am Flöz sein Lampenschein.
Noch einmal mit dem Abbauhammer,
löst er Kohle vom Gestein.

Gemischte Gefühle sind sein empfinden,
Wehmut der Freude überwiegt.
Er ist hin und her gerissen,
was in seiner Zukunft liegt.

Er zählt hier nun zum alten Eisen,
mit fünfzig muss er in Rente gehen.
Keine Aussicht da zu bleiben
und er kann es nicht verstehen.

Doch sein Leben, es geht weiter,
ist die Trauer noch so groß.
Gibt es auch noch so vieles zu bedauern,
doch ohne Maloche gibt´s jetzt Moos.

*****

Pottkinder

P ottkinder sind,
O ffenherzig
T olerant
T atkräftig
K ontaktfreudig
I deenreich
N eutral
D iplomatisch
E hrlich
R ücksichtsvoll gegenüber anderen

„Glück Auf"

Unsa Omma

Unsa Omma zu Gedenken,
möcht ich dat Gedichtken schenken.
Wat hattze dammals allet für mich gemacht,
war lieb und nett und hat gesacht.

„Mein lieba Bub, komma bei mich bei
wann hasse ma widda Schule frei?
Komm dat Omma ma besuchen,
se mach dich Kakau und lekka Kuchen."

Unsa Omma war ne Wucht,
happze imma gern besucht.
Hat mich vawöhnt, nach Strich und Faden,
ging mit mir zum Spielzeuchladen.

Ich durfte mir fast allet erlauben,
schmutzich machen, mit Oppa schrauben.
Im Gaartn graabm, auf Bäume klettarn
mit keinen ma warse am wettarn.

Nur wat ich an Omma nich so mochte,
wennse ihrn Eintopp kochte,
da habbich Stundenlang vorgesessen,
hat nur gesacht: „Wird aufgegessen"

Sonntachs geschniegelt und gestriegelt auszusehn
un mit ihr, inne Kiiache gehen.
Oda hattesse ma Fleckens im Gesicht,
hattze se mit Spucke wechgewischt.

Doch wenn ich ma so übbaschlage,
übbawiegen mit Omma schöne Tage.
Sie hat sich wörtlich, den Arsch aufgerissen,
werd sie bis zu meinem Tode merklich vermissen.

Un jeda der au sonne töfte Omma hatte,
hüllt se ein, so wie in Watte.
Vonnse nich zu earzähln, dat wär vamessn,
denn Omma, kannze nie vagessn

*****

Im Revier

Kumpels lebm gerne im Revier,
futten Körrywust, süppln Bier,
die Olle bleipt mitte Blagen zu Haus,
Kumpels gehn alleine raus.

Willze so wat au eima erlebm,
dann lass unz ein hebm,
inne Pinte, beie Ilse nebenan,
da kannze stehn dein Mann.

Mittn Pilsken un nen Korn
un dat imma ma von vorn,
bisse dann so schikka biss
und kein Pils mehr runna kriss.

Jau, so is hier halt der Trott,
bei uns im Kohlnpott,
et säuft sogar der Vatta mittn Sohn,
au dat is Tradizion.

Bergmannsgruß

Der Bergmannsgruß, er heißt „Glück auf,"
alle im Pott haben ihn gut drauf.
---- Glück auf ----

Tief in der Grube, im dunklen Schacht,
in weißer Kluft oder schwarzer Tracht.
---- Glück auf ----

In der Strecke und im Streb,
ob vor Ort, oder Fahrweg.
---- Glück auf ----

Wird man immer diese Worte hören,
die den Bergmann stets betören.
---- Glück auf ----

Nach harter, langer, dunkler Schicht,
jeder Kumpel diese Worte spricht.
---- Glück auf ----

Der Bergmannsgruß, er heißt „Glück auf,"
hat die Bedeutung: „Komm heile rauf."
---- Glück auf ----

Im Pott wird diese Tradition nie brechen,
wenn WIR weiter die zwei Worte sprechen.
---- Glück auf ----

Vonne Ruhr de Sprache is einmalich

Hömma, wat guckse so bedröppelt?
Da fällt dich der Kitt ausse Brille, nä.
Nimma den Putzlappen ausse Schnüß,
sacht de Mutta zure Ute.

Ker, wat hamma früha auf Zeche malocht,
wird Zeit datte anne Schüppe kommz.
Wamama auf Schaalke, hattata gereechnet,
abba woanners is au Scheiße, wennet plästert hömma.

Ey, wo issn dein Olla. Der is am schlafen machen.
Wara auf Maloche? Nee, hat die Nacht durchgezecht.
Hömma, hier krisse richtich wat auffe Gabel.

Wat Krisse? Ich krich de Pimpanelln!
Kinnas, tut ma de Omma winken.
Abba nich mitte Flossen anne Scheibe, dat gibbt Fingers!
Komma wacka bei mich bei und mach die Mäh ma ei.

Geh mich ja wech von dat Pittamessa,
sonst hat dat Föttcken Kirmes, weisse.
Hömma Hääbärt, wo gehsse?
Beie Bude, mich Fluppen holn.

Mach ma keine Fisimatenten, hömma.
Dat Blach will Bömmskes, sonst is Schicht im Schacht.
Leck mich inne Fott. Ich könnt mich beömmeln.
Hömma, samma, womma nomma.

Hier im Pott, ham wa kein Dialekt, is klar nä!

Zechenhaus

Gebaut aus rot gebrannten Ziegel,
schwarzes Dach und spitzer Giebel,
meist mit Stall und kleinem Garten,
wo Familien gern verharrten.

Vom Bergwerk erbaut wurden sie,
damals als eine Kolonie.
Sie sahen auch alle ähnlich aus,
die Bergmannswohnung, das Zechenhaus.

Geheizt wurde früher mit Brikett und Kohle,
es gab die Wärme uns zum Wohle.
Sie hatten WC, aber noch kein Bad,
doch der Bergmann wusste sich Rat.

Gebadet wurde im Keller mit Waschzuber,
genau wie bei Familie Huber.
Und in die Zinkwanne kamen die Blagen,
dies sind keine Märchensagen.

Wenn man heute durch die Kolonien fährt,
sind Zechenhäuser noch sehr begehrt.
Von den Besitzern ausgebaut und renoviert,
vom Keller bis Dach teils kernsaniert.

Und die Ansicht von so einem Zechenhaus,
jedes sieht nun anders aus.
Eines verklinkert, ein anderes verputzt,
oder noch mit rot gebrannten Ziegeln,
die total verschmutzt.

Samstach is Badetach

Hia im Pott wa et Samstachs Kult,
de Blagen einzufang.
De Mütta hattn mächtig Geduld,
zogn ihn de Hammelbeine lang.

Denn Samstachs, da war Badetach,
da musstn de Blagen Schlange stehn,
jeda musste der Größe nach,
aahms inne Wanne gehn.

Meist wurd geheizt mit Briketts un Holz
hatte nen Waschzuber im Keller stehn,
mit ne töfte Zinkwanne volla Stolz,
wo alle drinne badn gehn.

Mutta schrubbte zu erst de klein,
die größeren kam kurz danach,
se wurdn Sauber un widda fein,
alle, bis zum letztn Blach.

Et grinstn all de Blagengesichter,
runna war der ganze Dreck.
Man schaute noch „DISCO" mit Ilja Richter,
oda „Hitparade" mit Dieter Thomas Heck.

Wir wollen et au so weita beibehalten,
dat Baden wie früher wa so schön;
so wie dammals schon unsere alten,
dem Alter nach, inne Wanne gehn.

Die Currywurst

Hier im Ruhrpott ist sie Kult,
ihr guter Geschmack ist daran schuld.
Eine Currywurst, die gut schmeckt,
hat Appetit in uns geweckt.

Eine Currywurst, schön kross man will,
braun gebraten, stets vom Grill.
Mit einer pikanter Soße, nicht aus der Masse,
nein, eine Currywurst der Spitzenklasse.

So eine Currywurst ist ein Gedicht,
für viele auch ein Leibgericht.
Mit viel Curry, gebraten, frisch und heiß,
dazu Pommes, na klar rot-weiß.

Und nach einer leckeren Currywurst,
überkommt einem der Durst.
So trinkt man hier im Ruhr-Revier,
ein eisgekühltes Fläschchen Bier.

Strukturwandel

Tief im Berg an schwarzen Wänden,
schlägt der Bergmann etwas heraus.
Er hält es in seinen rauen Händen,
und sieht wie Steinkohle aus.

Die Kohle, unser schwarzes Gold,
hat Deutschland damals hochgebracht.
Sie wurde von Kumpels raus geholt,
leider werden Zechen dichtgemacht.

Was wird aus unserem Ruhrgebiet,
wenn nur alle Zechen schließen?
Wie man es in vielen Städten sieht,
will man das Leben uns vermiesen.

Vom Strukturwandel man hier spricht,
der Ruhrpott wurde auserkoren.
Doch viele Versprechen man oftmals bricht,
steht der Kumpel alleine und verloren.

Dort wo einst ein langer Schatten fiel,
auf des Bergmanns Haus.
Von einem Förderturm mit Kult und Stil,
bleibt nun in Zukunft aus!

Ein Bergmann an der Himmelstür

Er hat sein Leben lang malocht,
unter Tage, tief im Schacht,
hat manches Mal ganz laut geflucht,
doch die Maloche stets gemacht.

In der Hitze und bei Kohlenstaub,
war er immer für seine Kumpels da.
Und war von der Arbeit schon fast Taub,
als er schon lang in Rente war.

Er genoss die Zeit, die ihm geblieben,
er pflegte seine Hobbys sehr.
Hat in seinem Leben niemals übertrieben,
leider, lebt er heute nicht mehr.

Er stand mit Mal vorm Himmelstore,
klopfte, rief: „Ker, lasst mich rein,"
Petrus rief zurück, von der Empore,
„Dat kann ja nur ein Bergmann sein."

„Woher wollze dat denn wissen?"
frug der Bergmann ihm zurück,
„Et sei, Du würd´z mich schonn vamissen,
getz bin ich da, da hasse Glück."

„Mach auf die Tür, dat Tor mach weit,
getz mach mich domma endlich auf,"
stand er vorm Tore und war bereit
und sprach das Losungswort. „Glück auf"

Das Tor ging auf, er trat herein,
die Engel standen ihm Spalier;
„Dat soll doch wohl ein Scherzken sein,
wo issn getz dat kühle Bier?"

Gott sprach zu ihm, vom Mann zu Mann:
„Getz ma ganz langsam und von vorn,
hier gibbet wenn man süppeln kann,
zum Pilsken auch n` Doppelkorn!"

Und die Moral von dem Gedicht,
auch Petrus und der liebe Gott,
man hört et ja wie jeder spricht,
kommen ausm Kohlenpott.

*****

Ruhrpott

R ichtig schön ist es hier
U nd mit Kumpels kann man sein,
H at großen Spaß bei einem Bier,
R uhrgebiet, ja du bist mein.
P ottkinder haben wir uns genannt,
O der auch Pottblagen,
T raditionen werden nicht gebannt,
T riumphieren an allen Tagen.

Ruhrpott, da wo wir wech komm !!!

Hömma, weisse noch ?

Hömma, weisse noch wie wir als Blagen,
aufe Straßen ham gepölt?
Bei jedm Wetta, an alln Tagen,
inne Hitahööfe habm gegrölt.

Hömma, kennze noch die TV Reklame,
wo Grauschleia inne Gardine hing?
Dat nannte man damals den Eumel,
mit „Gardin Neu" ging raus dat Ding.

Hömma, weisse noch an diesn Tagen,
alz unz Samstachs de Mudda rief?
Der größe nach, inne Zinkwanne lagen,
et wa Badetach, wech kam der Mief.

Hömma, weisse noch an heißn Tagen,
alz der Eismann durche Straßen fuhr?
Und wir sodann, die ganzen Blagen,
uns Eis holtn un Sahne pur.

Abba heut is allet nua noch Geschichte,
getz weht unz, n´ andra Wind!
Die Blagen stehn heut im andern Lichte,
doch schön war unsre Zeit als Kind.

Liebeserklärung an Wanne-Eickel

Wanne-Eickel, Du bist meine Seele,
Wanne-Eickel, ich bin ein Stück von Dir.
Wanne-Eickel, wenn ich in mich gehe,
Wanne-Eickel, ich lebe gerne hier.
Ja, ich lebe gerne hier.

Wanne-Eickel, hat die Cranger Kirmes,
Wanne-Eickel, ist die Stadt mit Mond,
Wanne-Eickel, in Dir wohnen die geilsten Menschen,
Wanne-Eickel, wie das Leben sich hier lohnt.
Ja, das Leben sich hier lohnt.

Wanne-Eickel, hat ein eigenes Kennzeichen,
Wanne-Eickeler, wissen wie es geht,
Wanne-Eickel, das sollte uns noch nicht reichen,
Wanne-Eickel, die Stadt mit Solidarität.
Eine Stadt mit Solidarität.

Wanne-Eickel, liegt mitten im Revier,
Wanne-Eickel, ist das Herz im Pott,
Wanne-Eickel, ich bleib für immer hier,
Wanne-Eickel, bis zu meinem Tod.
Ja, bis zu meinem Tod!!!

Drei Ecken, ein Elfer

Weißt du noch aus unseren Kindheitstagen?
wie wir Blagen haben gepöhlt!
Wo Tornister noch als Pfosten lagen,
haben wir noch laut gegrölt!

Der Dickste, er musste immer ins Tor,
wenn der Ballbesitzer es befahl;
dies kam bei fast allen Spielen vor
und er hatte keine Wahl.

Strafen und Strafstöße wurden nur vergeben,
wenn der gefoulte heilig schwor,
bangte er Schmerzhaft um sein Leben,
es kam in jedem Spiel mal vor.

Bei drei Ecken, gab´s Elfmeter,
Schiedsrichter brauchten wir nicht.
Fußballspiele endeten immer sehr viel später,
meist wenn der Abend schon anbricht.

War kein Fußball mal zu Händen,
hat es eine Dose auch getan,
auch Fußballspiele mussten erst enden,
wenn alle Mitspieler müde war´n.

Außenseiter durften nur mitspielen,
es gab ein Ausnahmefall;
damit immer schöne Tore fielen,
war er im Besitz eines Lederball.

Egal, wie viele Tore im Spiel fielen,
ein Sieger wurde immer bestimmt,
es war so in allen Fußballspielen.
Denn: „Das nächste Tor gewinnt."

Das waren die Regeln aus unserer Kindheit!
Ich hoffe, es ist mir gelungen?
Das Gedicht vom Pölen aus der Schulzeit
weckt in euch Erinnerungen.

*****

Pottblagen

P ottblagen sind,
O bjektiv
T aktvoll
T alentiert
B egabt
L ebensfroh
A rbeitsam
G utmütig
E hrlich
N achsichtig

„Glück Auf"

Kumpel, Stolz und Ehre bleiben

Viele Generationen sind eingefahren,
auf dem Pütt nach unter Tag.
Auch noch in letzten zwanzig Jahren,
als das Flöz schon tiefer lag.

Eng eingepfercht standen sie auf dem Korb,
jeder Kumpel wie ein Mann.
Mit den Gedanken bei der liebsten,
als die schwere Schicht begann.

Sie hatten weite Wege bis zur Arbeit,
ob zum Streb oder bis vor Ort.
Bei Hitze, Staub und schlechten Wettern,
egrenzte es oft an Leistungssport.

Nass geschwitzt haben sie gebuttert,
bevor die Arbeit dort begann.
Malochte sie mit ihren Kumpels,
auf die man sich verlassen kann.

Nun war es Zeit, die Meter fielen,
zu Ende war die Schicht.
Den Weg zum Schacht zu überwinden,
mit schwachem Grubenlicht.

Schwarz von Kohle, in Schweiß gebadet,
standen sie am kühlen Schacht.
Jetzt ausfahren, Buckel und dann zur liebsten,
das sie sich keine Sorgen macht.

Doch die Zeiten des Bergbaus vergehen,
es lohnt sich nicht sich aufzureiben.
Es ist fünf vor Zwölf und zu spät,
doch Kumpel, Stolz und Ehre bleiben.

*****

Pottblagen

Pottblagen sin wa alle,
hia innem Revier,
süppln auf jedn Falle,
nache Schicht au ma n´ Bier.

Ruhrpottler habm den Berchbau,
un de Tradizion,
wennich inne Welt schau,
wer hattn sowatt schon.

Wir spieln den bestn Fussball,
hia im Ruhr-Revier,
un jeda hat de Wahl,
zwischn BvB un S04.

Pottblagen liebm dat Leehm
un se habm Spass,
se malochten unta Tage,
da wird manch eina blass.

Ruhrpottsprache is kein Dialekt 2.0

Hömma, wir Leutz ausm Ruhrpott,
hammso den Aspekt.
Ruhrpottisch is ne Spraache
un kein Dialekt.

Bayrisch, Säächzisch, oda Häässisch,
dat kannze nich vastehn.
Denn nua dat sin Dialekte,
da kannze von ausgehn.

In unsan schöön Ruhrpott,
quasseln wa dat, „Dat un Wat"
Abba dat, dat is ne Sprache
un kein pottisch Platt.

Beie Menschn hia im Ruhrpott,
da hätt et au kein Zwech.
Wir quasseln übbaall so weita,
ziehn wa hia au eima wech.

Wir liebm unsre Ruhrpottspraache,
denn dat is ne Tradizion.
Geehmse anne Blagen weita
un vom Vatta übban Sohn.

Un de töfte Spraache beie Menschen,
vonne Lippe biss zua Ruhr.
Quatschen noch unsre, Ur- Urenkelz,
de Ruhrpottische Spraachkultur.

Zechenkolonie

In einer Zechenkolonie zu wohnen,
war richtig schön, möchte ich betonen.
Das Miteinander und der Zusammenhalt,
zählte sogar bei Jung und Alt.

Kultur und Freizeit wurden verbunden,
Nachbarn verbrachte viele Stunden.
Auch streiten und feiern hörte man sie,
in den Hinterhöfen der Kolonie.

Früher war man mit jeden „per du,"
hörte sich gegenseitig zu.
Man half, wenn jemand Hilfe brauchte,
verlieh Kohlen, damit der Schornstein rauchte.

Deutsche, türkische und Blagen aus Polen,
spielten zusammen zwischen Kohlen.
Sie rannten nach Haus, wenn ihre Mutter rief,
Kinderfreundschaft war noch tief.

Der Zusammenhalt der Kumpels, er war noch groß,
malochten in der Grube für ihr Moos;
sie gingen nach der Schicht auch einmal raus,
gaben sich gegenseitig Bierchen aus.

Sie waren Kumpels, wenn sie in den Pütt einfuhren
machten private Fahrradtouren.
Auch beim zechen waren sie nie allein,
mussten „echte Kumpels" gewesen sein.
Eine Geschichte mit Poesie, so war es in der Kolonie!

Bergbaustädte im Ruhrgebiet

Unser Heimatland das Ruhrgebiet,
mit vielen Städten, so beliebt,
da jede eigene Ruhrpott Stadt,
irgendwas besonderes hat.

Ob in Dortmund, Bochum, Oberhausen,
war´n Kumpels nach der Schicht am brausen,
auch in Unna, Recklinghausen und Herne,
Kamp-Lintfort, Kamen oder Werne.

In Castrop-Rauxel und Wanne-Eickel,
wurde es mal mit der Kohle heikel,
in Gelsenkirchen, Hamm und Herten,
sitzen Kumpels nun in ihre Gärten.

Datteln, Duisburg oder Marl,
sind Ruhrpott-Orte mit Kanal,
Bottrop, Dorsten und Bergkamen,
kleine Städte mit großen Zechen Namen.

Mit Gladbeck, Waltrop, Oer-Erkenschwick,
endet mit Lünen nun mein Überblick;
ich hoffe, ich hab keine Stadt vergessen,
zum gutem Schluss, fehlt dann noch Essen.

Es war so schön

Damals in unseren Kinderschuhen,
haben wir noch viel gelacht,
ohne jemals auszuruhen,
auch so manchen Mist gemacht.

Wir trafen uns draußen noch zu spielen,
auf der Straße, vor dem Haus;
nicht allein, sondern mit vielen,
nach der Schule, tagein tagaus.

Wir zogen um die Häuser und durch Gärten,
trafen uns zum Buden bauen,
wir waren damals noch Gefährten,
jedes Mal beim Äpfel klauen.

Wir spielten Spiele, die jetzt vergessen,
die heute kein Kind mehr spielt,
vom draußen sein waren wir besessen,
nichts uns in der Wohnung hielt.

Wir pölten Fußball auch im Regen,
sprangen Seil im Sonnenschein,
unsere Kindheit war ein Segen,
bis Abends spät zum Lampenschein.

Wo sind sie hin, wo sind die Kinder?
Die sich Facebook & Co. reinziehen.
Sind Schuld daran, Internet Erfinder?
Sich dem sozialem Umfeld so entziehen.

Das Mutterklötzchen

Früher, trug der Bergmann voller Stolz,
unterm Arm ein Stückchen Holz,
ein Fuß lang und schön gespalten,
mit Einmachgummi zusammengehalten.

Das brachte der Kumpel, unten vom Pütt,
fast täglich für die „Mutti" mit;
damit machte Sie im Ofen Feuer,
denn Anmachholz war damals teuer.

„Mutterklötzchen," wurde es im Pott genannt,
mit Draht oder Gummi, sehr gut umspannt;
bearbeitet und gespalten mit einem Beil,
so blieb das Klötzchen immer heil.

Mit Sorgfalt und ein bisschen Glück,
ein Fingerdick fast jedes Stück.
Denn so ein Stempel oder Kappen Rest,
war für den Kumpel wie ein Fest.

Das mitnehmen war eigentlich nicht erlaubt!
Doch jeder Kumpel hatte geglaubt;
hier unten wird das Holz doch schlecht
und mitnehmen ist Gewohnheitsrecht.

Heimat

Heimat ist der Ort,
wo du geboren bist.
Heimat ist ein Gefühl,
was du nie vergisst.

Heimat ist Erinnerung,
an deine Kindheitstage.
Heimat sind deine Freunde
und Freundschaften, keine Frage.

Heimat ist Familie,
die man um sich hat.
Heimat ist wo du wohnst,
egal in welcher Stadt.

Heimat ist dein Arbeitsplatz
und die Arbeitskollegen.
Heimat ist wo du gehst,
auf allen deinen Wegen.

Meine Heimat ist der Pott,
bekannt als Ruhrgebiet.
Deine Heimat ist immer da,
dort wo man dich liebt.

Ruhrpott Sprache
(Wat wa so quasseln kann jeda vastehn)

Wo gehsse hin, wo kommse her,
wat is da drin, komm gib mich mehr.
Wat soll denn dat, wat hasse da,
komm gib mich Rat, dat is ja klar.

Dat is nich schwer, hasse auch gelesen,
komm sach mich mehr, wo warsse gewesen.
Malochse aufm Pütt, oder bisse bei Krauta,
allet geht verschütt, wird nich vertrauta.

Mach mich ma n´ Eis, ich geb dich Zeit,
wat soll der scheiß, der Wech is weit.
Komma zu Oppa, die Quanten stinken,
dat war schomma, tu ma Omma winken.

Kommsse ausm Pott, kannze dat au sagen,
so wie wir alten un unsre Blagen.
Hasse kein Problem, wat wa so sagen,
kannz allet vastehn un brauchs nich fragen.

Wir quasseln so, wie uns der Schnabel gewachsen,
direkt vorm Kopp un machen auch flachsen.
un wenne au ausm Ruhrpott biss,
weisse genau, wo vonne sprichs.

Der Kiosk

Kennst Du noch den alten Kiosk,
aus den frühen Kindertagen,
ich war früh dort schon Kunde,
da saß noch im Kinderwagen.

Meine Mutter ging oft vorbei,
kaufte eine Kleinigkeit;
für meinen Vater, Zigaretten und Bier,
der Kiosk hat jeden erfreut.

Als Kind bin ich oft zum Kiosk gehetzt,
habe jeden Pfennig umgesetzt;
für süßes und Brötchen mit Negerkuss,
war es für mich ein Hochgenuss.

Mein Lieblings-Eis hab ich mir dort geholt,
ja, eine Sorte mochte ich so sehr,
ich weiß es noch, als wäre es heute,
war von Langnese: „Brauner Bär"

Man ließ sich dort auch gerne verleiten,
zu kaufen seine Süßigkeiten.
Wie die bunten Traubenzucker Perlenketten,
und später, erste Zigaretten.

Nun gibt es den alten Kiosk dort nicht mehr!
Die Rollos zu, das Büdchen leer.
Doch die schönen Erinnerungen bleiben wach,
wenn ich dran denk, werde ich schwach.

Bäumchen, Bäumchen wechsle dich

Wer kennt sie noch, unsere alten Spiele,
die wir als Kinder haben gespielt?
Es waren eine Menge, ganz schön viele,
sich täglich damit unterhielt.

Wir hatten als Kinder keine Langeweile,
wir kannten noch so viel.
Hier für euch einige Bruchteile,
aus damaligen Kinderspiel.

Ochs am Berg eins, zwei, drei
und Bäumchen, Bäumchen wechsle dich.
Es waren immer Kinder zum Spielen mit dabei
und ließ sich nie im Stich.

Mutter, Mutter, wie weit darf ich reisen,
oder mit den Rollschuhen fahren.
Auch Teddybär, Teddybär, sind Spiele die verwaisen,
Ach, wie wir noch Glücklich waren.

Bonanza-Rad fahren. Oh, welche Nostalgien.
Die Räder sind und bleiben Kult.
Nach dem Kloppen hat man sich noch verziehen
und keiner war nachher schuld.

So waren wir als kleine Kinder,
wir hatten früher sonst auch nichts.
Im Spielen waren wir Erfinder,
nicht wie heute unsere Kids.

Der Krumme Hund

Fast 85 Jahre stand er da,
unser Brückenkran Nr. 4.
Und ihm schon aus der Ferne sah,
ein Wahrzeichen war er hier.

Erbaut 1927 aus reinen Stahl,
am Kanal, im Hafen West;
wurde auch einmal zum Denkmal,
doch 2012 bekam er den Rest.

Er war der Brückenkran Nr. 4,
bekannt bei uns als „Krummer Hund."
Dieses Statussymbol musste leider gehen,
weil ein Umbau, war der Grund.

Wanne-Eickel verlor mit ihm,
ein historisches Wahrzeichen,
doch der „Krumme Hund," er bleibt Kult,
wird niemals aus den Herzen weichen.

Wanne-Eickel - meine Stadt

Vom Bergbau wurde die Stadt geprägt,
die den Namen Wanne-Eickel trägt.
Leider nicht Frei und Eigenständig,
dafür aber noch Lebendig.

Wanne-Eickel, meine Stadt,
die einiges zu bieten hat.
In dieser Stadt lebe ich gerne,
ich wohne ja nicht in Herne.

Hast Du nach dem Essen großen Durst,
dann warst Du in „Die Currywurst."
Bei diesen vielen Schärfegraden,
kann man in seinem Schweiße baden.

Es gibt hier den Wanne-Eickeler Mond,
von Graf Hotte neu vertont.
Als Rock Version ist er zu hören,
um Wanne-Eickeler zu betören.

Der Mondpalast ist unser Volkstheater,
Christian Stratmann ist der Vater;
mit Volks-Komödie die man hier liebt,
aus dem schönen Ruhrgebiet.

Die Cranger Kirmes, immer gut besucht,
von Alt und Jung, arm oder betucht.
Und das selbe Bild wie jedes Jahr,
für alle ist sie wunderbar.

Der Krumme Hund, leider ist er ist nicht mehr,
man nahm ihn uns fort, trotz Gegenwehr.
In Wanne-Eickel wird man ihn vermissen,
er wurde einfach abgerissen.

Für eine Burg haben wir keinen bedarf,
dafür haben wir einen Graf.
Wanne-Eickel hat es viel gebracht,
wir danken der Mondritterschaft.

Ein Erfolg haben wir jedoch zu verbuchen,
nach langem Kampf und vielen versuchen,
haben wir unser WAN-Kennzeichen,
Graf Hotte stellte uns die Weichen.

*****

Ruhrgebiet

R iecht ihr noch den Duft der Kohle, von
U nseren Zechen im Revier.
H aben malocht auf siebte Sohle,
R ichtig hart, danach ein Bier.
G lück auf hieß es unter Tage,
E in Glück auf gab es auch zurück.
B ergleute waren wir ohne Frage,
I mmer gern, wir hatten Glück.
E inigkeit haben wir erfunden, doch
T raurigeit, wir jetzt bekunden.

Ruhrpottisch is Töfte

Erzähl mich keine Dönekes,
tu ma Butta beie Fische.
Wat issn mitte Olle los,
wie getz, meinze meine Ische?

Gib dat Blach kein Heiermann,
füre Klümpkes vonnet Büdcken.
Tu dem lieba ma ne Kniffte schmiern,
dann häldet au sein Schnüdken.

Hömma, mach ma kein lang Palawer,
ich muss noch auf Maloche.
Gib mich ma den Mottek her,
bequatsch dat mitte Mischpoche.

Gimma Omma ma dat Pittermesser,
se muss noch Erpels schäln.
Hömma auf mitte Fisimatenten,
de Töle tun zu quäln.

Deine Latschen sin abba fratze,
de Käsemauken müffeln.
Dat kommt bestimmt von Fussek pöhln
un nich von Mathe büffeln.

Zieh dich ma dein Schlawwanzuch,
ab inne Furzmolle zum penn.
Un nich widda de Treppens runna,
un durchn Kabachel renn.

Wir aussem Ruhrpott

W ir sind …
 I ntelligent
 R ücksichtsvoll

A ußergewöhnlich
U nterirdisch Geil
S tark
S ozial
E infühlsam
M odern

R omantisch
U nkompliziert
H umorvoll
R uhrpottler
P roblemlos
O ptimistisch
T olerant
T atkräftig

Bochum, ein Besuch wert

Tana Schanzara und Herbert Grönemeyer,
machten einmal das Ensemble aus,
sie brachten Bochum hier zum Lachen,
im Bochumer Theater und Schauspielhaus.

Auch Jürgen von Manger und Helge Schneider
und viele bekannte Leute,
hat es die Bühne hier sehr angetan,
den Brettern, die Bochum sehr bedeuten.

Die Jahrhunderthalle und der Starligth Express,
Leute, man ist hier nicht dumm.
Hier begegnet man sich meist ohne Stress
Kult ist das Bergbaumuseum.

Die Ruhr Uni hat 40.000 Studenten,
der Vfl spielt im RevierPowerstadion
man hat hier eine Menge Abonnenten,
und trifft immer den richtigen Ton.

Im Planetarium und der Sternwarte,
einmal durch den Weltraum fliegen.
Danach durchs Bermuda3eck,
seinen Hunger und Durst besiegen.

Ja ihr Leute, es ist hier schön
und fließt die Ruhr noch so krumm,
kommt vorbei, lasst euch verwöh´n.
In der Stadt im Pott, in Bochum!

Hasenbrot

Stundenlang liegtz schon im Dösken,
oda in dat Brotpapier.
Neben Tomätkes, Güaksken un Wüastken,
bis Nammitachs um vier.

Et biecht sich langsam un wird pappich,
wie et bei Kniften numa so is.
Dat Bütterken mittm lekka Aufstrich,
hat getz nen ganz besondren Biss.

Et war Wechvazährung füren Vatta,
vonne Mudda lieb geschmiert.
Nua keine Zeit zum futtern hatta,
weil auf Maloche is fixiert.

Dat freut dat Blach fast jeden Abend,
wenn Vadda von Maloche kommt.
Un dat Döppke gierich fragend,
oppa von Vadda wat bekommt.

„Hia mein Blach, hia hass wat lekkret,
Vatta bring dich Hasenbrot.
Freu dich drann, lass et dich schmecken,
von mich wirsse gern belohnt."

Hasenbrot nennt man de Kniften,
de man zurück nach Hause bringt.
Damit gehn de Blagens gerne stiften,
dat war un bleipt so: „Unbedingt!"

Liegt es am Strukturwandel ?

Im Ruhrpott zwischen Lippe und Ruhr,
pflegte man stets die Kultur.
Doch was ist mit den vielen Lauben
und mit des Bergmanns Tauben?

Keine Kinder mehr auf den Straßen,
über all nur leere Gassen!
Spielplätze die total verwaisen,
die kann man Kindern nicht anpreisen.

Drachen, die man zum Herbst selbst baute,
und sodann zum Himmel schaute;
nichts davon ist mehr zu sehen,
ich kann das wirklich nicht verstehen.

Unsere Ruhrpott-Städte mit Geschäftsleerständen,
überall Graffiti´s an den Wänden.
Fast nur Euro-Shop´s und Döner Buden,
die zum Bummeln nie einluden.

Und wo ist sie hin, unsere Kultur,
liegt´s am Wandel der Struktur?
Oder liegt es an den Leuten hier,
die nun leben von Hartz 4 ?

Auch fast alle Zechen haben geschlossen,
wir hatten die Zeiten doch so genossen;
und in den Städten war noch Leben!
Wird es so was wieder geben?
Und es geht ein böser Blick, in Richtung Politik!

So kann dat sein, muss abba nich

Wenne ma mittn Kumel anne Ecke,
inne Kneipe sitzt,
beim Fußball-Dörby Doartmund - Schaalke,
Blut und Wasser schwitzt.
Dann bisse voll im Dörby-Trott,
so wat gibbet nur im Kohlenpott.

Datt is besser als wie mitte Olle,
inne Kiiache sein,
um vom Pastek zu hörn,
wie wird aus Wassa, Wein.
Probiern darfse den Fusel, eh da nicht,
weil dat allet eh der Pastek kricht.

Da bleipze lieba mittn Kumpel inne Kneipe,
am Tresen stehn,
wenn andre inne Kierche gehn.
Schüttz dich ein paar Kurze,
und Pilskes rein,
kommz dannma betüddelt heim.

Hömma, lieba Gott

Hömma, lieba Gott,
ich dank dich füren Kohlenpott,
für die Mädckes im Revier
und für dat leckre Bier.

Hömma, lieba Gott,
der Arsch heißt hier einfach Fott
und mit unserm, dat und wat,
quatschen wa gern dat Ruhrpott-Platt.

Hömma, lieba Gott,
wat soll denn diesa Schrott,
warum machn Pütt´s denn dicht
und keina mit uns spricht.

Hömma, lieba Gott,
wat wird getz ausm Kohlnpott,
wir habm hier doch Kulur,
sind im Wandel der Struktur.

Hömma, lieba Gott,
Leute ausm Kohlnpott,
treffen stets den richtgen Ton,
denn wir ham Tradizion.

Hömma, lieba Gott,
hoffentlich geht et nich zu flott,
dat wa uns irgendzwann ma sehn
und vor deina Türe stehn.

Der Pott, da wo ich wech komm

D eine Heimat, hier bisse geborn
E rinnerungen anne schöne Zeit
R uhrkohle, da hasse ma malocht

P ilsken mitte Kumpels kippen wa imma Geil
O mma's Zechenhäusken, et wa schön
T raumhaft is dat Ruhr-Revier
T rinkhallen warn hia eima Kult

D önekes erzählte man sich übbaall
A llet wa wie ne große Mischpoke

W o de au hin gekomm biss, wa et wie zu Haus
O da fühltest dich Willkomm

I mma mitt Spässken aufe Lippen
C harckterastäake hasse bewiesn
H ass dich allet zu Fragn getraut

W eil wa noch alle Kumpels warn
E ine töfte Kindheit hasse hia hinta dich
C hemie und Kohle ham dat Revier gepräächt
H eute is leida allet Vagangnheit

K ohln werdn kaum noch geföadat
O da werden nich mehr gebraucht
M eine geliebte Heimat dat is un bleipt
M ein Pott, da wo ich wech komm

Bergmannsbraut mit Sorgen

Voller Ungeduld die Bergmannsbraut,
im Fenster liegt und nach ihm schaut!
Er kommt wieder spät von der Schicht!
Ob er noch mit Kumpels spricht?

Es kann auch sein, sie weiß es nicht,
macht er eine Doppelschicht?
Sie ist betrübt und deprimiert,
Hauptsache ihm ist nichts passiert!

Doch dann, nach ewig langer Zeit,
sieht sie ihm in der Ferne, weit.
Er erkennt im Fenster seine Braut,
doch wankend er zu Boden schaut.

Er war nach der Schicht, bei der Gertrude,
zu Pils und Korn, an ihrer Bude.
Doch die Bergmannsbraut, sie schimpft ihn aus
und er sagt nur: "Ich geb´ ein aus."

Und die Moral von der Geschicht,
schimpfe mit einen Bergmann nicht.
Denn, er fühlt sich nicht betroffen,
wenn er ist: „Total besoffen."

Wanne-Eickel, hier bin ich zu Haus

W ANNE, hier bin ich gerne,
A uf der Wenge
N elkenweg
N achtigallenweg
E dmund-Weber-Straße

E ICKEL
I m Sportpark
C RANGE
K losterstraße
E mscherstraße
L indenstraße

H OLSTEHAUSEN
I m Hasenhamp
E ickeler Bruch
R ÖHLINGHAUSEN

B ICKERN
I m Erlenkamp
N eue Kampstraße

I m Emscherbruch
C orneliusstraße
H auptstraße

Z echenweg
U NSER FRITZ

H eidstraße
A m Alten Amt
U nser Fritz Straße
S töckstraße

Den Ruhrpottler erkennze am ersten Satz

Hömma, Ruhrpottisch hat ne lange Entwicklunk inne Spraache! Dem Nich-Ruhrpottlern falln bisweiln de Löffel ap.
Wennse unsre Emschersprache in Ruhrkultur, also, ausse tiefste Sohle vonnem Ruhrpottischn varnehm tun.
Weisse, denn schonn nachm ersten Satz, erkennze uns Menschen ausm Pott. Wenn wa uns zum Beispiel nen Pilsken bestelln, oda irgendzwelche andre Sätze von uns geehm tun.

Also fang wa ma an, wie man uns so erkenn kann!

Ker Häbbäät, tu mich man n´ Pilsken zappm!
Schenniffa, komma beie Omma bei.
Holze dich aahmns anne Bude Fluppm?
Ey hömma, du Heiopei.

Gehma mittn Föttken aufm Boiler,
nimm dich abba kein Bütterken mit.
Wat sich Blagen so vaputzen inne Mäuler,
inne Frittnschmiede hammse imma Apptit.

Du bis wie n´ Schluck Wassa inne Kurwe,
bewech die Kackstelzen bisken wacka.
Heb ma anständich de Porreepiepen,
sonnz machsse dich hia vom Acka.

Ich hap die Pocke voll aufm Schluffm gekricht,
dat, dat Runde inz eckige gebrettat is.
Du lüüchs mich sowatt inz Gesicht,
jeda weiß, datte nen Spinnewipp biss.

Das Ende des Bergbaus

Der Puls des Potts schlägt bald nicht mehr,
unser Bergbau geht zu Grunde.
2018 ist es so weit,
dann schlägt ihm die letzte Stunde.

Die Förderräder stehen dann still,
kein Kumpel fährt mehr ein.
Die Kauen werden öd und leer,
ich könnt vor Trauer schrei´n.

Was wird aus unserm Kohlenpott?
Wenn keine Zeche hier mehr steht.
Der Bergmann Beruf, er stirbt aus
und kein Förderrad mehr dreht.

Was bleibt von unserem Bergmannsglück?
Erinnerungen an eine schöne Zeit.
Mit Wehmut schaue ich zurück,
schon bald ist es soweit.

Das Herz des Ruhrpotts steht bald still,
überall kommt der Deckel drauf.
Wir haben nur noch die Tradition
und den Bergmanns-Gruß - „Glück Auf"

Ich bin ein Kind ausm "Pott"

Ich bin ein Kind ausm Pott,
aus dem grünen Ruhrgebiet.
Ich spreche gern den Ruhrpott Slang,
der hier ist so beliebt.

Die töften Worte „dat und wat",
auch „hömma oder hasse",
gehören zu meinem Sprachgebrauch
und dat, dat finde ich Klasse.

Ich bin ein Kind der Steinkohle,
fuhr unter Tage täglich ein;
nun bin ich seit Jahren Rentner
würde lieber beie Kumpels sein.

Ich wohne seit Jahren in Wanne-Eickel,
dem Mittelpunkt vom Revier.
Und mein Lieblings Fußballverein,
ist und bleibt S 04.

Ich bin ein echtes Kind ausm Pott
und es wird immer so bleiben;
ich gehe hier niemals fort,
und werde hier verbleiben.

Und wenn ich irgendwann mal sterbe,
soll auf mein Grabstein steh`n:
„Er war ein Kind ausm Pott
und fand ihn wunderschön."

Dat Ruahrgebbiet is ...

Dat Ruahrgebiet issn Gedicht,
de Kumpel vonne Heimat spricht.
Et is einzichaatich grün und flott,
hia bei unz im Kohlnpott.

Dat Ruahrgebiet issn Gefüühl,
de Leutz, sin hia warm nich kühl.
Füa einige, Kerl oda Olle,
is dat Könichsblau dat tolle.

Dat Ruahrgebiet is Leidnschaft,
gibbt dich Liebe, Lebm, Kraft.
Et is der heazlichst töfste Ort vonne Welt,
den kannze nieagnz kaufm füan Geld.

Dat Ruahrgebiet is töfte unn geil
un au nich dat Gegnteil.
Gaap et früha hia au Staup un Dreck,
unz isset egal, von hia komm wa weck.

Dat Ruahrgebiet is nua Genjal,
wuade groß duach Kohln un Stahl.
Davon abba kaum noch ne Spua,
dafüa hat der Pott Kultua.

Jau, im Ruahrgebiet sin wa geborn,
hamm unsa Heaz dem Pott varschworn.
Hia wolln wa bleibm, hia bleibm wa wohn,
denn dat Ruahrgebiet hat Tradizion.

Schicht am Schacht

Kumpel sein war niemals leicht,
doch er stand täglich seinen Mann;
hat zwar im Leben nicht viel erreicht,
doch sich nicht beklagen kann.

Harte Maloche tagein, tagaus,
doch er hat es gern gemacht,
brach er im Streb die Kohlen raus,
doch jetzt ist für ihm Schicht im Schacht.

Nun steht er da wie abgeschoben,
will in Rente jetzt noch nicht;
fühlt sich traurig und betrogen,
letzte Anfahrt, letzte Schicht.

Das Herz im Pott hört auf zu schlagen,
Kauen werden öd und leer.
Doch offen bleiben viele Fragen,
denn der Puls im Pott schlägt nicht mehr.

Die Förderräder hören auf zu drehen.
Überall: „Der Deckel drauf."
Der Kumpel im Pott kann´s nicht verstehen,
doch ihm bleibt das „Glück auf"

So war es damals in der Zechenkolonie

Damals in der Zechenkolonie,
kannte man und sah man sie,
die Leute miteinander sprechen,
selten mit der Freundschaft brechen.

Als sie untereinander Hilfe leisten,
aufpassen, wenn Nachbarn verreisten,
Eltern ihren Blagen die Fott versohlen,
für Oma Kühne, Kohlen holen.

Nachbarn zusammen, beim Kaffeeklatsch,
Kinder spielten gern im Matsch,
Leute beim Kohlen einschippen,
Kumpels, die zusammen Tippen.

Blagen, die ihre Buden bauten
und den Nachbarn Äpfel klauten,
mit dem Vater in die Kneipe gehen,
ach wat war dat früher schön.

Männer, die Morgens früh aufstanden,
zusammen den Weg zur Zeche fanden,
Frauen, mit nen Kinderwagen,
anne Hand noch zwei, drei Balgen.

Oppa schuften in sein Garten,
Pflanzen setzen, auch Tomaten,
die Omma, inne Gartenlaube,
mit Gummistiefel und ner Haube.

Frauen, vor dem Hause tratschen,
nur in Kittel und in Latschen,
Freundschaften die zusammen schmolzen,
Kinder, aufe Straße Bolzen.

Samstach`s, dat Badewassa machen,
zusammen sitzen, miteinander lachen,
Sonntach´s aufe Duwen warten,
meist bei Willi, in sein Garten.

Und Männer, die am Kiosk sauften
Leute, die auf Keife kauften,
und im Tante Emma Laden,
gab es noch, Nadeln und Faden.

*****

Wanne-Eickel

W anne-Eickel, liegt mitten im Revier,
A lle leben gerne hier.
N icht nur der Mond ist hier Kultur,
N ein, hier tobt das Leben pur.
E inmal im Jahr, Anfang August,

E ntfacht in uns die große Lust.
I n das Bierzelt dort zu gehen, auf der
C ranger
K irmes sich den Spaß, Live anzusehen.
E inzigartig und Eindrucksvoll,
L eben in Wanne-Eickel ist einfach toll.

Dat is Ruhrpott

Pass ma auf un hör mich zu,
hia im Pott is man „per du".
Dat weisse, weilze hia geborn biss,
da dat dat deine Heimat is.

Kennz de Schrebbagäatn mit schöön Laubm,
alte Kumpels un seine Taubm.
Sonntachs mit Vadda, inne Pinte beie Trude,
Bömmskes vonne Seltabude.

Dammalz anne Zeche noch als Blagen,
klettan zwischn Kohlnwagn.
Mächtige Kannickel, im Hof im Stall,
au Pölen ging noch übbaall.

Fabrikn, Schächte, rauchnde Schloote,
wartn auf Vattas Hasnbrote.
Kennz de Leutz von Lippe un Ruhr,
mit viel Spässken un Kultur.

Un Samstachs - Da war Badetach!
Inne Zinkwanne gingze alz Blach.
Mitte Omma Sonntachs inne Kiiache gehn
un sich da zu benehm.

Wenne getz noch pöttisch quasseln tuhs,
is Pottblach sein, n` Hochgenuss.
So wirsse inne dreckige Welt übbaall erkannt,
datte ausm Ruhrpott biss, dein Heimatland.

Cranger Kirmes

Im August, in Crange, im Revier,
zwischen Emscher, Kanal und Ruhr,
kommt in Wanne-Eickel die Kirmes,
immer voll auf Tour.

Das Kirmes Thema hört man nicht gerne,
es ist besonders heikel,
die Cranger Kirmes ist nicht in Herne,
Crange gehört zu Wanne-Eickel.

Und jedes Jahr zur Kirmes Zeit,
machen wir uns für sie bereit.
Nehmen schlechtes Wetter auch in Kauf,
wir freuen uns ein Jahr darauf.

Millionen Menschen wollen zur Wilden Maus,
Karussell und Achterbahn,
auf das Riesenrad, so sieht es aus,
oder einfach Scooter fahr´n.

Ich brauche keine Fahrgeschäfte und Karussells,
für mich ist alles schon zu schnell.
Bierbuden und das Bayernzelt,
dies ist eher meine Welt.

Ich liebe Zuckerwatte, Grill & Mandelduft,
er liegt überall hier in der Luft.
Backfisch, Pommes, Kirmes-Eis,
gibt es hier zum Kirmes-Preis.

Ein Abstecher in die Karaoke-Bar,
ein, zwei Bierchen, wunderbar,
fröhlich nach Hause werde ich nun gehn,
dass wir uns, auf Crange wiedersehn.

*****

Unser Lokalpatriot

Unser Lokalpatriot, dies weiß ein jeder,
ist in Wanne-Eickel, "Hotte" Schröder.
Er setzte sich ein und stellte die Weichen,
für unser geliebtes WAN – Kennzeichen!

Besonders für Kinder hat er ein Herz,
sorgt zu Nikolaus für Spenden, ohne Scherz;
verteilt mit dem Nikolaus, Tüten am Kanal,
die leuchtenden Kinderaugen sind Genial.

Auch als Künstler ist er ein Hit,
mit seinen Songs reißt er alle mit,
ob rockige Lieder oder den Wanner Mond,
hörst du es, wirst du belohnt.

Ich wünsche ihn und der Mondritterschaft,
alles Gute und weiter Kraft.
Alle ihre Aktionen sollen Früchte tragen,
und „Daumen hoch," wollte ich noch sagen.

Dat is mein Ruhrpott

Im Ruhrpott bin ich geborn,
hia leebze ganz entspannt,
woanners wär ich verlorn,
un käm ummen Verstand.

Nur hia bin ich zu Hause
un leep meine Parole;
sei kein Döskopp un Banause,
zwischn Kraftwerk, Pütt un Kohle.

De Leutz de sin hia häärlich,
ich geh` hia niemalz wech.
Ich sachet dich ganz äährlich,
es hätt au kein zwech.

Denn in unserm schöön Ruhrpott,
bisse im Leebm nie allein;
echte Kumpels un der Herrgott,
wern dich zu Seite sein.

Und hia, hia kannze quasseln,
wie dich der Schnabel gewachsen is
un keina nimmtz dich krumm,
weile aussm Ruhrpott bis.

Es war einmal

Hier war einst die Region der Kohle,
mit seinen Zechen überall.
Wir lebten in einer grauen Metropole,
mit Kokereien und echtem Stahl.

Das Leben damals war nicht leicht,
denn wir hatten ja nicht viel.
Doch für das Leben hat es gereicht
und lebten nach eigenem Stil.

In den Kolonien der Bergleute,
galt einmal Zusammenhalt.
Es war damals, nicht mehr heute,
die Gefühle werden kalt.

Früher lebten Nachbarn noch in Frieden,
hatte immer eine offene Tür.
Nichts davon ist uns geblieben,
hat mit ihnen heute Streit dafür.

Liegt es vielleicht am Zechensterben?
Und alles den Bach nun runter geht.
Laufen wir langsam in unser verderben?
Hoffentlich ist es nicht zu spät.

Hier war einst einmal das echte Leben,
in der Stadt steppte der Bär.
Man sollte wieder Freundschaft pflegen,
sonst wird unser Leben leer.

Hömma, samma, womma nomma Ruhrpottisch

Ruhrpottisch lern dat is nich schwer,
ich varaat dich heut ma mehr.
Komm zu mich, komm bei mich bei,
sei domma kein Heiopei.

Ne Furzmolle dat is de Poofe,
Hochdeutsch heißt dat einfach Bett.
Der Schlawwanzuch nennt sich au Nachtpolta,
dat Nachthemd au dat is doch nett.

Der Klüngelskerl is nen Lumpensammla,
fährt mitte Karre durche Kolonie.
Sammelt Lumpen, Schrott, Metalle,
trällert auffe Flöte ne Melodie.

Zappelbunker kennt man unta Disco,
woe schwoofs und Mukke höars.
Un de Mädkes, Schicksen, Tussis,
inne Fummels gern betörs.

Ängstlich sein, heißt Muffensausen
Traute habm, dat is Mut.
Halt den Babbel un nich sabbeln,
heißt sei ruhich, somit is gut.

Hömma, getz kommwa ma zu Ende,
heißt im Pott: „Is Schicht im Schacht."
Reich mich de Flossen, deine Hände!
Hömma, hamma dat nich guut gemacht?

Der Pott, da wo wir wech komm

D eine Heimat ist der Ruhrpott
E s ist eine Ehre hier zu wohnen. Das
R uhrgebiet hat seinen Trott,

P ottkind sein, es wird sich lohnen.
O ppa war damals schon auf dem Pütt,
T raditionen gehn hier nicht aus,
T ief im Schacht wurde er einmal verschütt,

D ort schlug er die Kohle raus.
A uf Kohle sind wir geboren,

W eil wir hier wech gekommen sind,
O der hast du die Heimat einmal verloren,

W irst immer bleiben, ein Ruhrpottkind.
I n unsren Adern fließt es heiß, das
R evierstahl blaue Blut,

W ir haben es in unsre Herzen,
E ine Kohlen heiße Schlacke Glut.
C harakterstark sind hier die Leute,
H elfen, wo man sich helfen kann,

K umpels nennt man sie noch heute,
O der einfach nur Bergmann.
M it dem Bergmannsgruß: "Glück auf."
M ache ich jetzt den Deckel drauf.

Die Halde

Strecken in den Berg getrieben,
Flöze wurden abgebaut,
der Nachwelt ist davon geblieben,
eine Halde, von der man schaut.

Dieser Abraum kam aus dem Berg,
aus dem tiefen Bergbauschacht,
es ist des Bergmanns Tagewerk,
wurde mit der Kohle rauf gebracht.

Kohle und Gestein wurden getrennt,
Kohle kam in den Verkauf.
Und das Gestein was sich Abraum nennt,
schuf man auf die Halden drauf.

Sie wuchs nun langsam mit den Jahren,
in den Himmel hoch hinein;
wo wir gerne zum Aufstieg fahren,
Auf die Halde, muss es sein.

Für die Menschen aus dem Ruhrpott,
denn zur Auswahl gibt es ja viele,
geht der Weg zur Halde flott.
sie sind Naherholungsziele.

Ohne Kohle ...iss allet Doof !

O hne Kohle im Revier
H at die Zukunft kaum ne Chance
N ie wieder Zechen gibt´s bald hier
E ine Region fehlt so die Balance

K eine Kohlen im Revier
O hne jede Perspektive
H ömma, der Kumpel wurde quasi hier
L eider gedrungen in die Defensive
E in Leben hier im Kohlenpott

I ss wie früher nicht mehr möglich
S trukturwandel heißt das Zauberwort
S oll es machen uns erträglich

A ber die Menschen der Region, zwischen
L ippe, Emscher und Ruhr
L eben weiter ihre Tadition
E in Potti hat eben Kultur
T rotz politischer Entscheidungen, bleibt uns die Wahl

D en Ruhrpott niemals aufzugeben, auch
O hne Kohlen, Koks und Stahl
O bliegt unser Überleben.
F azit: Ohne Kohle, iss trotzdem Doof !